Pocket Dictionary

ENGLISH-BAHASA MALAYSIA

BAHASA MALAYSIA-ENGLISH

PERIPLUS
EDITIONS

ISBN: 0-945971-99-0

Distributors:

Benelux:
Nilsson & Lamm B.V.,
Pampuslaan 212-214, 1382 JS Weesp,
The Netherlands

Hong Kong:
Asia Publishers Services Ltd.,
16/F Wing Fat Commercial Building,
218 Aberdeen Main Road, Aberdeen

Indonesia:
C.V. Java Books,
Cempaka Putih Permai, Blok C-26,
Jakarta Pusat 10510

Singapore and Malaysia:
Berkeley Books Pte Ltd.,
2A Paterson Hill, Singapore 0923

United Kingdom:
GeoCentre U.K. Ltd.,
The Viables Centre, Horrow Way,
Basingstoke, Hampshire RG22 4BJ

United States:
The Crossing Press,
97 Hangar Way, Watsonville CA95076

First printing 1993
Second printing 1995
Printed in the Republic of Singapore

Contents

Introduction

Bahasa Malaysia, which is based on the Malay language, shares a common origin with Bahasa Indonesia. Each has incorporated a number of words from regional languages or dialects as well as English, Dutch, Portuguese, Chinese and Indian languages. As a result, although there are many similarities, Bahasa Malaysia and Bahasa Indonesia are now two different languages.

This dictionary contains 2,000 or so Bahasa Malaysia words that are most commonly encountered in colloquial, everyday speech. For the sake of clarity, only the common Bahasa Malaysia equivalents for each English word have been given.

Note that Bahasa Malaysia verbs are always listed alphabetically according to their simple root forms. The simple verb root is then followed by common affixed forms with the same meaning, if any.

Complex verb forms with prefixes and suffixes attached are only given in cases where these are commonly found in colloquial speech. This is because a majority of complex verb forms are used only in formal speech and in written Bahasa Malaysia.

Nouns derived from simple roots through the addition of prefixes and suffixes are always listed separately from their root words, however.

Words derived from English are often not immediately recognizable when spelled in Bahasa Malaysia, yet if they are pronounced according to the following pronunciation guide, they are generally easily recognized.

Pronunciation and Spelling Guide

To learn to pronounce the language correctly, ask a native speaker to read aloud some of the examples given in this section. Then try to imitate his or her pronunciation as accurately as you can.

Be aware that there are a number of different accents in Bahasa Malaysia, with a Johor accent quite different from that of, say, Kelantan in the northeast. The accents in the Malaysian Borneo states of Sabah and Sarawak also vary somewhat, and there are more Indonesian words in common use. The stress is, however, generally placed on the penultimate syllable of words throughout Malaysia.

Unlike English, the spelling of Bahasa Malaysia is consistently phonetic. Many people say the pronunciation is similar to Spanish or Italian.

Consonants

Most are pronounced roughly as in English. The main exceptions are as follows:

c is pronounced "ch" (formerly spelled "ch")
  cari to look for, seek   *cinta* to love

g is always hard, as in "girl"
  guna to use   *gila* crazy

h is very soft, and often not pronounced
  habis ⇒ *abis* finished   *hidup* ⇒ *idup* to live
  sudah ⇒ *suda* already   *mudah* ⇒ *muda* easy
  lihat ⇒ *liat* to see   *tahu* ⇒ *tau* to know

kh is found in words of Arabic derivation, and
sounds like a hard "k"
    khabar news   ***khusus*** special

ng is is always soft, as in "hanger"
    dengar to hear   ***hilang*** lost

ngg is always hard, as in "hunger"
    ganggu to bother   ***mangga*** mango

r is trilled or rolled, as in Spanish
    ratus hundred   ***baru*** new

Vowels

As in English, there are five written vowels (a, e, i, o, u)
and two diphthongs (ai, au):

a is very short, like the a in "father":
    satu one   ***bayar*** to pay

e is usually unaccented, like the u in "but":
    empat four   ***beli*** to buy

    When stressed, or at the end of a word, however,
e sounds like the "é" in "passé":
    desa village   ***cabe*** chili pepper

i is long like the "ea" in "bean":
    tiga three   ***lima*** five

o is long, as in "so":
    bodoh stupid   ***boleh*** may

u is long like the "u" in "humor":
    tujuh seven   ***untuk*** for

au is like the "ow" in "how":
    atau or   ***pulau*** island

ai is pronounced like the word "eye":
    pantai beach   ***sampai*** to reach

English-Bahasa Malaysia Dictionary

A

able to boleh

about (approximately)
 kira-kira, lebih kurang

about (regarding) tentang

above, upstairs di atas

accident kemalangan

accidently, by chance
 kebetulan

accommodation rumah
 tumpangan, penginapan

accompany, to ikut

according to menurut

acquainted, to be kenal,
 mengenal

across from seberang

act, to bertindak

action tindakan

active giat

activity kegiatan

add to tambah, menambah

address alamat

admit, confess aku,
 mengakui

advance money, deposit
 wang muka

advance, go forward maju

afraid takut, bimbang

after sesudah, setelah

afternoon (3 pm to dusk)
 petang

afterwards, then
 kemudian, nanti

again lagi

age umur

agree to do something, to
 janji, berjanji

agree, to bersetuju, akur

agreed! setuju! jadi!

agreement perjanjian,
 persetujuan

air udara

airplane pesawat, kapal
 terbang

alive hidup

all semua, seluruh, segala

alley, lane lorong

allow, permit
 membiarkan,
 membenarkan

allowed to (= may) boleh

almost hampir

alone sendiri, sendirian

already sudah

also juga

ambassador duta

among di antara

amount jumlah

ancient kuno, sangat lama

and dan

angle segi, sudut

angry marah

animal binatang

annoyed, to be meradang

answer the phone angkat telefon

answer, response (spoken) jawab

answer, to reply to (a letter) balas, membalas

ape kera, monyet

appear, to muncul, memuncul; timbul, menimbul

appearance, looks rupa

apple apel

approach, to (in space) mendekati

approach, to (in time) menjelang

approximately kira-kira, sekitar, lebih kurang

April April

area daerah, kawasan

arena gelanggang

arm lengan

army tentera

around (see approximately)

around (nearby) dekat

around (surrounding) sekeliling, di sekitar

arrange, to atur, mengatur; urus, mengurus

arrangements, planning perencanaan

arrival ketibaan, kedatangan

arrive, to tiba, datang

art seni

artist pelukis

ashamed, embarrassed malu

ask to tanya, bertanya

ask for, request minta, meminta

assemble, gather kumpul, berkumpul

assemble, put together pasang, memasang

assist, to bantu, membantu

assistance bantuan

astonished kaget, hairan

at di

atmosphere, situation suasana

attain, reach capai, mencapai, sampai, menyampai

attend, to hadir

attitude sikap

auction, to lelong, melelong

auctioned off dilelong

August Ogos

aunt mak cik

authority, person in charge orang yang berwibawa

authority, power kuasa, wibawa

automobile kereta

available sedia, tersedia

available, to make bersediakan, menyediakan

average (numbers) rata-rata

awake, to bangun, membangun

awaken, to membangunkan

aware sadar, insaf

awareness kesadaran, keinsafan

B

baby bayi

back belakang

back of di belakang

back up, to mundur

backwards, reversed terbalik

bad (rotten) buruk

bad (wicked) jahat

bad luck celaka, malang

bag beg

baggage barang-barang

ball bola

banana pisang

bargain, to tawar, menawar

base, foundation dasar, asas

based on berdasarkan

basic yang dasar

basis dasar

basket bakul, keranjang

bachelor bujang

bath mandi

bathe, to take a bath mandi

bathroom bilek mandi

bay teluk

be, exist, have ada

beach pantai

bean kacang

beat (to defeat) mengalahkan

beat (to strike) pukul

beautiful (of people) cakap, cantik

beautiful (of places) indah

beautiful (of things) bagus

because karena, sebab

become, to jadi, menjadi

bed katil

bedroom bilek tidur

bedsheet kain cadar

beef daging lembu

before (in front of)
di depan, di muka

before (in time) sebelum

beforehand, earlier
dahulu, dulu

begin, to mulai, memulai

beginning permulaan

beginning, in the pada
permulaan

behind di belakang

belief, faith kepercayaan

believe, to percaya, yakin

below, downstairs
di bawah

belt tali pinggan

best paling baik, paling
bagus

better lebih baik, terbaik

between antara

bicycle basikal

big (area) luas

big (size) besar

bill kira

billion bilion

bird burung

birth, to give melahirkan

birthday hari jadi, hari
lahir

bitter pahit

black hitam

blanket selimut

blood darah

blossom kembang

blouse blaus, baju

perempuan

blue biru

boat perahu, bot, sampan

body badan, tubuh

boil, to merebus,
mendidih

boiled rebus

bone tulang

book buku

border, edge sempadan,
pinggir

bored bosan, jemu

boring membosankan

born lahir

borrow, to pinjam,
meminjam

botanic gardens kebun
raya, taman raya

both kedua-duanya,
keduanya

bother, disturb ganggu,
mengganggu, kacau

bother, disturbance
gangguan

boundary, border
sempadan

bowl mangkuk

box (cardboard) kotak

box peti

boy anak lelaki

boyfriend pacar

bracelet gelang

branch cabang, ranting

brand cap, merek

brave, daring berani

bread roti

break down, to (of cars, machines) rosak

break off, to putus

break up, divorce cerai

break, shatter pecah, patah

bridge jambatan

bring, to bawa, membawa

broad, spacious luas

broadcast, program siaran

broadcast, to siarkan, menyiarkan

broken off putus

broken, does not work, spoiled rusak

broken, shattered pecah

broken, snapped (of bones, etc.) patah

broom sapu

broth, soup sop

brother saudara

brother, older abang

brother, younger adik lelaki

brother-in-law adik ipar

brown warna coklat

brush berus

brush, to memberus menggonyoh

buffalo (water buffalo) kerbau

build, to bangun, membangun

building bangunan

burn, burnt bakar, hangus

burned down, out terbakar, hangus

bus bas

bus station terminal bas

business perniagaan, perdagangan

businessman peniaga, pedagang

busy, crowded ramai

busy, to be sibuk

but tetapi

butter mentega

butterfly kupu-kupu, rama-rama

buy beli, membeli

C

cabbage kubis

cabbage, Chinese pak choy, pek chye

cake, pastry kuih, kek

call on the telephone memanggil telefon

call, summon panggil, memanggil

calm tenang

can, be able to boleh

can, tin kaleng, tin

cancel batal, membatalkan

candle lilin

candy gula-gula

capable of, to be boleh, sanggup

capture, to tangkap, menangkap

car, automobile kereta

card kartu, kad

care for, love sayang, mencintai

care of, to take jaga, menjaga

careful! hati-hati!, awas!

carrot keret, lobak merah

carry, to bawa, membawa

cart (buffalo cart) kereta lembu

cart (pushcart) kereta tolak

carve, to ukir, mengukir

carving ukiran

cash money wang tunai

cash a check, to wangkan

cast, throw out buang, membuang

cat kucing

catch, to tangkap, menangkap

cauliflower kubis bunga

cave gua

celebrate, to merayakan

celery sayur saderi

center pusat, tengah

central pusat

ceremony upacara, istiadat

certain pasti, tentu

certainly! memang!

chain rantai

chair kerusi

challenge cabaran

champion juara

chance, to have an opportunity to sempat

chance, by accident kebetulan

chance, opportunity kesempatan

change, small wang kecil

change, to (conditions, situations, one's mind) berubah

change, exchange (money, opinions) tukar, menukar

change, switch (clothes, things) ganti, mengganti

character watak

characteristic sifat

chase away, chase out usir, mengusir, halau

chase, to kejar, mengejar

cheap murah

cheat, someone who cheats penipu

cheat, to tipu, menipu

cheek pipi

cheese keju

chess catur

chest (box) peti
chest (breast) dada
chicken ayam
child anak
chilli pepper cili, cabai, lada, lombok
chilli sauce sambal
chocolate coklat
choice pilihan
choose, to pilih, memilih
church gereja
cigarette rokok
cinema pawagam
citizen warganegara
citrus limau
city kota, bandaraya
clarification penjelasan
clarify, to menjelaskan
class, category kelas, kategori
clean bersih
clean, to bersihkan, membersihkan, cuci
cleanliness kebersihan
clear jelas, terang
clear (of weather) cerah, terang
clever cerdik, pandai, pintar
climate iklim
climb onto, into naik
climb up (of hills, mountains) mendaki, memanjat

clock jam
close together, tight rapat
close to, nearby dekat
close, to cover menutup
closed tutup
cloth kain
clothes, clothing pakaian
cloudy, overcast mendung
clove cengkih
clove cigarette kretek
coarse, to be kasar
coconut kelapa
coffee kopi
cold, flu pilek, masuk angin, flu
cold (temperature) sejuk, dingin
colleague rakan
collect payment, to tagih, menagih
color warna
comb sisir
come in, to masuk
come on, let's go ayuh, mari
come, to datang
command, order perintah
command, to perintah, memerintah
company syarikat
compare, to membandingkan
compared to dibandingkan

compatible cocok, sesuai

compete, to bertanding

competition pertandingan

complain, to bersungut, menadu

complaint sungutan, aduan

complete, finish something selesaikan, menyelesaikan

complete, to be lengkap

complete, to make lengkapi, melengkapi

completed, finished selesai, siap

complicated rumit

compose, write (letters, books, music) karang, mengarang

composition, writings karangan

concerning tentang

condition (pre-condition) syarat

condition (status) pangkat

confidence keyakinan

confidence, to have percaya

confuse, to keliru

confused (in a mess) kacau

confused (mentally) bingung

confusing membingungkan

congratulations! selamat!

connect together, to sambung, menyambung

connection hubungan, sambungan

conscious of, to be sedari, menyedari

conscious sedar

consider (to have an opinion) anggap, menganggap

consider (to think over) menimbang

consult, talk over with runding, merundingkan

contact, connection hubungan

contact, get in touch with hubungi, menghubungi

continue, to meneruskan

cook, to masak, memasak

cooked, ripe masak, matang

cookie biskut, kuih

cooking, cuisine masakan

cool sejuk

coral rock batu karang

corn jagung

cost (expense) kos, biaya

cost (price) harga

cotton kapas

cough batuk

count, reckon hitung, menghitung

counter, window (for paying money, buying tickets) loket

country negara

cover, to tutup, menutup

crab ketam, kepiting

cracked retak

cracker, bisquit biskut

crafts kraf

craftsman tukang

crate peti

crazy gila

criminal penjahat

crowded ramai

cruel kejam

cry out, to teriak, berteriak

cry, to tangis, menangis

cucumber timun, mentimun

culture kebudayaan

cup cawan

cured, well sembuh

custom, tradition adat

customer pelanggan

cut, slice potongan

cut, to potong, memotong

D

dance tarian

dance, to tari, menari

danger bahaya

dangerous berbahaya

daring, brave berani

dark gelap

date (of the month) tarikh

daughter anak perempuan

daughter-in-law menantu

day hari

day after tomorrow lusa

daybreak fajar

daytime siang

dazed, dizzy pusing

dead mati

debt utang

deceive, to tipu, menipu

December Disember

decide, to memutuskan

decision keputusan

decrease, to berkurungan, mengurangi

deer rusa

defeat, to kalahkan, mengalahkan

defecate, to buang air besar, berak

defect cacat

degree, level nilai

degrees (temperature) suhu

delicious sedap, enak

demand, to tuntut, menuntut, minta

depart, to berangkat, pergi

depend on, to bergantung, harap

deposit, leave behind with someone titip, menitip

deposit, put money in the bank simpan wang

describe, to gambarkan, menggambarkan

desire hasrat, nafsu

desire, to ingin, mahu

destination tujuan

destroy, to hancurkan, hapuskan

destroyed, ruined hancur

determined, stubborn nekad

develop, to maju, berkembang

develop, to (film) cuci, mencuci

development kemajuan, perkembangan

diamond intan

dictionary kamus

die, to mati, meninggal

difference (discrepancy in figures) selisih

difference (in quality) perbezaan, beza

different, other lain

difficult susah, sukar, sulit

dipper, ladle gayung

direct, non-stop langsung

direction jurusan, arah

dirt, filth kotoran

dirty kotor

disaster, disastrous bencana

discrepancy selisih

discuss, to bicara, pembicara

discussion pembicaraan

display pajangan

display, to mempamerkan

distance jarak, kejauhan

disturb, to ganggu, mengganggu

disturbance gangguan

divide, split up bahagi, membahagi

division bahagian

divorce, to bercerai

divorced cerai

dizzy, ill pusing

do not! jangan!

do one's best berusaha

do, perform an action buat, membuat

doctor doktor

document, letter surat

dog anjing

dolphin lumba-lumba

done (cooked) masak, matang

done (finished) sudah dibuat

door pintu

doubt something, to ragu-ragu, meragukan

doubtful ragu-ragu

down, to come or go down, get off turun, menurun

down, to take down turunkan, menurunkan

downtown pusat bandar

draw, to gambar, menggambar, lukis

drawer laci

drawing gambar, lukisan
dream impian
dream, to mimpi, bermimpi
dress baju perempuan
dressed, to get berpakaian, ganti baju
drink minuman
drink, to minum
drive, to (a car) pandu, memandu
driver pemandu
drowned tenggelam
drug, medicine ubat
drugstore farmasi
drunk mabuk
dry kering
dry (weather) kemarau
dry out (in the sun) jemur
duck itik
dusk senja
dust habuk, debu
duty (import tax) cukai
duty (responsibility) kewajipan, tugas

E

each, every setiap, tiap-tiap
ear telinga
earlier, beforehand dulu
early awal
early in the morning pagi-pagi
Earth, the World dunia
earth, soil tanah

east timur
easy mudah, senang
eat, to makan
echo gema
economical jimat
economy ekonomi
edge pinggir, tepi
educate, to didik, mendidik, ajar
education pendidikan
effort usaha
effort, to make an berusaha
egg telur
eggplant terong
eight lapan
electric, electricity elektrik
elephant gajah
eleven sebelas
embarrassed malu
embarrassing memalukan
embassy kedutaan besar
emergency darurat
empty kosong
end, tip hujung
enemy musuh
energy tenaga
enlarge, to besarkan, membesarkan
enough cukup
enter, to masuk
entire seluruh
entirety, whole keseluruhan

envelope sampul
envy, envious iri hati
equal sama
equality kesamaan
especially khusus
establish, set up mendirikan
estimate, to taksir, kira
ethnic group bangsa, suku bangsa
even (also) juga, pun
even (smooth) rata
ever, have already pernah
every kind of segala macam
every tiap, segala
every time setiap kali
exact, exactly tepat
exactly! just so! betul!
exam, test ujian, periksaan
examine, to periksa, memeriksa
example contoh, misalan
example, for misalnya
except kecuali
exchange rate kadar petukaran wang asing
exchange, to (money, opinions) tukar, menukar
excuse me! maafkan!
exit keluar
expand, grow larger mengembang
expect, to harapkan, mengharapkan
expect, to mengharap
expense biaya
expensive mahal
expert pakar
express, state ucapkan, mengucapkan
extend, to memperpanjangkan
extremely sangat
eye mata
eyeglasses kacamata

F

face muka
face, to ke hadapan, berhadapan
factory kilang
fail, to gagal
failure kegagalan
fall (season) musim gugur
fall, to jatuh
false (imitation) tiruan
false (not true) palsu, bohong
falsify, to tiru, meniru
family keluarga
fan (admirer) peminat
fan (used for cooling) kipas
far jauh
fare tambang
fart, to kentut
fast cepat, lekas

fat, grease lemak
fat, to be gemuk
father bapa, ayah
father-in-law bapa mentua
fault, to salahkan, menyalahkan
fear takut
February Februari
feel, to rasa, merasa
feeling perasaan, rasa
fertile subur
fever demam
field, empty space lapangan
fierce garang, galak
fight over, to berebut
fight, to (physically) lawan
fill, to isi, mengisi
film filem
filter saringan
filter, to saring, menyaring
find, to temukan, dapat, bertemu, ketemu
finger jari
fingernail kuku
finish off, to habiskan
finish selesaikan, menyelesaikan
finished (completed) selesai
finished (no more) habis
fire api

fire someone, to pecat, memecat
first pertama
first, earlier, beforehand dulu
fish ikan
fish, to pancing, memancing
fit, to sesuai
fitting, suitable cocok
five lima
fix, to (a time, appointment) menentukan
fix, to (repair) betulkan, membetulkan, memperbaiki
flag bendera
flood banjir
floor lantai
flour tepung
flower bunga, kembang
flu pilek, flu, selesma
fluent lancar, fasih
flute suling
fly (insect) lalat
fly, to terbang, menerbang
follow along, to ikut
follow behind, to menyusul
following berikut
fond of, to be sayang, menyayangi
food makanan
foot kaki

for untuk, bagi

forbid, to melarang

forbidden dilarang, larangan

force daya

force, to paksa, memaksa

foreign asing

foreigner orang asing

forest hutan

forget about, to melupakan

forget, to lupa

forgive, to mengampuni

forgiveness, mercy ampun

forgotten terlupa

fork garpu

form (shape) bentuk, rupa

fortress benteng, kubu, kota

four empat

free of charge gratis, percuma

free of restraints bebas

free, independent merdeka

freedom kemerdekaan

fresh segar

Friday Jumaat

fried goreng

friend kawan, teman, sahabat

friendly, outgoing ramah

from dari

front depan, muka

fruit buah

fry, to goreng, menggoreng

full penuh

full, eaten one's fill kenyang

fullfill, to penuhi, memenuhi

function, to work jalan, berjalan

funds, funding dana

fungus jamur

funny lucu, jenaka

G

gamble judi, berjudi

garage (for repairs) bengkel

garage (for a car) garaj

garbage sampah

garden taman, kebun

garlic bawang putih

gasoline minyak petrol

gasoline station stesyen minyak

gather, to kumpul, mengumpul

gender kelamin

general, all-purpose umum

generally pada umumnya

gentle lembut

get, receive dapat, mendapat

ghost hantu

gift hadiah

girl gadis, anak perempuan

girlfriend pacar

give beri, memberi; kasih, mengasih

glass (for drinking) gelas

glass (material) kaca

go along, join in ikut, mengikuti

go around keliling

go back balik, berbalik

go down, get off turun

go for a walk jalan-jalan

go home pulang

go out, exit keluar

go pergi, jalan

go up, climb naik

goal (purpose) tujuan

goat kambing

God Tuhan

god dewa

goddess dewi

gold emas, mas

gone, finished habis

good baik, bagus

government pemerintah, kerajaan

grand, great hebat

grandchild cucu

grandfather datuk

grandmother nenek

grape anggur

grass rumput

grave kuburan, makam

gray warna kelabu

great, formidable hebat

green hijau

green beans kacang perancis

greet, to receive sambut, menyambut

greetings salam

grill, to panggang, memanggang

grow larger, to berkembang, membesar

grow, to (intransitive) tumbuh, bertumbuh

grow, plant tanam, menanam

guarantee jaminan

guarantee, to jamin, menjamin

guard, to jaga, menjaga

guess, to kira, mengira, tafsir

guest tamu

guide, lead antar, mengantar

guidebook buku panduan

H

hair rambut

half setengah, separuh

hall ruang

hand (also wrist, forearm) tangan

handicap cacat

handicraft kerja tangan, kraftangan

handsome cakap

hang, to gantung, menggantung

happen, occur terjadi

happened, what happened? apa yang terjadi?

happening, incident kejadian

happy bahagia, gembira

hard (difficult) sukar, susah

hard (solid) keras

hardworking, industrious rajin

harmonious rukun

hat topi

have been, ever pernah

have, own, belong to punya

he dia

head kepala

healthy sehat

hear, to dengar

heart hati, jantung

heavy berat

help, to tolong, menolong; bantu, membantu

her dia

here sini, di sini

hidden tersembunyi

hide, to menyembunyikan

high tinggi

hill bukit

him dia

hinder, to menghambat

hindrance hambatan

history sejarah

hit, strike pukul, memukul

hold back, to tahan, bertahan

hold onto, grasp pegang, memegang

hole lobang

holiday cuti

holy keramat

home, house rumah

honey madu, manisan

hope, to harap, berharap

horse kuda

hospital rumah sakit

hot (spicy) pedas

hot (temperature) panas

hot spring mata air panas

hotel hotel, rumah penginapan

hour jam

house rumah

how are you? apa kabar?

how many? berapa banyak?

how much? berapa?

how? bagaimana?

human manusia

humane kemanusiaan

humorous lucu, lawak, jenaka

hundred ratus

hungry lapar

hurt (injured) luka

hurt (to cause pain) sakit

husband suami
hut, shack pondok

I saya, aku
ice ais, air batu
if kalau, jika
imagine, to bayangkan, membayangkan
importance, important matters kepentingan
important penting
impossible tidak mungkin
impression kesan
impression, to make an mengesankan
in (time, years) pada
in order that, so that agar, supaya
in, at (space) di
included, including termasuk
increase, to bertambah, tambah banyak
indeed! memang!
indigenous asli
influence pengaruh
influence, to mempengaruhi
influenza pilek, flu, selesma
inform, to menerangkan, beritahu, memberitahukan

information keterangan
information booth penerangan
inhale, to hisap, menghisap
inject, to menyuntik
injection suntik
injury, injured luka
insect serangga
inside dalam
inside of di dalam
inspect, to periksa, memeriksa
instruct, send to do something suruh, menyuruh
insult cacian
insult someone, to mencaci
insurance insurans
intend, to hendak, bermaksud
intended for ditujukan kepada
intention maksud
interest (paid to a bank) bunga
interest (paid by a bank) wang jasa
interesting menarik
intersection simpangan
into ke dalam
invitation undangan
invite, to (ask along) ajak
invite, to (formally)

undang
involve, to melibatkan
involved terlibat
iron besi
iron, to (clothing) gosok,
  menggosok
is adalah, merupakan
island pulau
it ini, itu
item barang
ivory gading

J

jail penjara
jam jem
January Januari
jealous cemburu
job pekerjaan, tugas
join together, to sambung,
  gabung
join, go along ikut,
  mengikuti
journalist wartawan
Juli Julai
jump, to lompat, melompat
June Jun
jungle hutan
just now baru saja, baru tadi
just, only cuma, hanya, saja

K

keep, to simpan,
  menyimpan

key kunci
kill, murder membunuh
kind, good (of persons)
  baik hati
kind, type macam, jenis
king raja
kiss cium, mencium
kitchen dapur
knife pisau
knock, to ketuk, mengetuk
know, to tahu
know, be acquainted with
  kenal, mengenal
knowledge pengetahuan

L

ladle, dipper gayung
lady wanita, perempuan
lake danau
lamb, mutton daging
  kambing
lamp lampu
land tanah
land, to (a plane) mendarat
lane (alleyway) lorong
language bahasa
large besar
last night tadi malam,
  semalam
last terakhir
late at night malam-malam
late terlambat, telat
later nanti

laugh at, to ketawakan, menertawakan

laugh, to tertawa, ketawa

lavish, fancy mewah

laws, legislation undang-undang, hukum

layer lapisan

lazy malas

lead (to be a leader) memimpin

lead (to guide someone somewhere) antar, mengantar

leader pemimpin

leaf daun

leather kulit

leave behind by accident ketinggalan

leave behind on purpose tinggalkan, meninggalkan

leave behind for safe-keeping titip, menitip

leave, depart pergi, berangkat

lecture kuliah, bersyarah

lecturer (at university) pensyarah

leech pacat

left side kiri

leg (also foot) kaki

lend, to meminjami, meminjamkan

less kurang

lessen, reduce mengurangi

lesson pelajaran

let someone know, to beritahu, kasih tahu

let, allow biar, membiarkan

letter surat

level (even, flat) rata

level (height) ketinggian

level (standard) nilai

license (for driving) lesen pemandu

license, permit lesen

lie down, to baring, berbaring

lie, tell a falsehood bohong

life, soul nyawa

lifetime kehidupan

lift angkat, mengangkat

light (bright) terang

light (lamp) lampu

light bulb bola lampu

lightning kilat

lightweight ringan, enteng

like, as macan

like, be pleased by senang, suka

line garis

line up, to beratur

list daftar

listen dengar, mendengar

listen to dengarkan, mendengarkan

literature sastera, kesusasteraan

little (not much) sedikit
little (small) kecil
live (stay in a place) tinggal, berdiam
live (be alive) hidup
liver hati
load muatan
load up, to muat, memuat
lock kunci
lock, to mengunci
locked terkunci, dikunci
lodge, small hotel rumah tumpanggan, penginapan
lonely kesepian, bersendirian
long (time) lama
long (length) panjang
look after, to mengawasi, menjaga
look for, to cari, mencari
look out! awas!
look, see lihat, melihat
lose money, to rugi
lose something, to hilang, kehilangan
lose, be defeated kalah
lost (of things) hilang
lost (to lose one's way) menyasar, kesasar
love cinta, sayang
love, to mencintai
low rendah
loyal setia
luck untung

luggage beg

M

madam puan
magazine majalah
make, to buat, membuat; bikin, membikin
male laki-laki, jantan
man lelaki, laki-laki, orang
manufacture, to membuat
many, much banyak
map peta
March Mac
marijuana ganja
market pasar
market, to pasarkan, memasarkan
married kawin, nikah
marry, get married bernikah, berkawin
mask topeng
massage picit, urut
massage, to memicit, mengurut
master tuan
mat tikar
material, ingredient bahan
matter, issue soal, hal
mattress tilam
May mei
may boleh
maybe mungkin

me saya

mean (to intend to) bermaksud

mean (cruel) kejam, bengis

mean, to berarti

meaning arti, maksud

measure, to ukur, mengukur

measurement ukuran

meat daging

meatball bakso

medicine ubat

meet, to bertemu, ketemu, jumpa, berjumpa, menjumpai

meeting pertemuan, mesyuarat

member ahli, anggota

memories kenang-kenangan

mention, to menyebutkan

mentioned tersebut

menu daftar makanan

mercy ampun

merely hanya, sahaja

message mesej

metal logam, besi

method cara

meticulous teliti

midday tengah hari

middle, center tengah

middle, be in the middle of sedang tengah

milk susu

million juta

mirror kaca, cermin

mix, mixed campur

modest, simple sederhana

moment (in a moment, just a moment) sekejap, sebentar

moment (instant) saat

Monday Senin, Isnin

money wang, duit

monkey monyet, kera

month, moon bulan

monument tugu, monumen

moon, month bulan

more (comparative quality) lebih

more of (things) lagi, lebih banyak

morning pagi

mosque mesjid

mosquito nyamuk

mosquito netting kelambu

most (the most of) paling banyak, terbanyak

most (superlative) paling

most, at most paling-paling

mother ibu

mother-in-law ibu mentua

motorcycle motosikal

mountain gunung

mouse, rat tikus

moustache kumis

mouth mulut

move from one place to

another pindah, memindahkan
move, to gerak, bergerak
movement, motion gerakan
movie theater pawagam
Mr, mister Encik
Mrs, madam Puan
much, many banyak
mushroom cendawan
must harus, mesti
mutton daging kambing
mutual, mutually saling
my, mine saya, saya punya

N

nail (fingernail) kuku
nail (spike) paku
naked telanjang, bogel
name nama
narrow sempit
nation, country negara
nation, people bangsa
national negara
nationality kebangsaan
natural asal
nature alam
naughty nakal
nearby dekat
neat, orderly kemas, berator
necessary, must harus, mesti

neck leher
need keperluan, kebutuhan
need, to perlu, butuh
needle jarum
neighbor jiran
nephew, niece keponakan
nest sarang
net jaring
network rangkaian
never tidak pernah
new baru
news berita, khabar
newspaper surat khabar
next (in line, sequence) berikut
next to di samping, di sebelah
niece, nephew keponakan
night malam
nightly tiap malam
nine sembilan
no, not (of nouns) bukan
no, not (of verbs and adjectives) tidak
noise bunyi
noisy bising
non-stop langsung
nonsense karut
noodles mi
noon siang, tengah hari
normal biasa
normally biasanya
north utara

nose hidung
not tidak, bukan
not yet belum
note down, to mencatat
notes catatan
novel, novel
November November
now sekarang
nude telanjang, bogel
number nombor

O

o'clock jam, pukul
obey, to turut, menurut
occupation pekerjaan
ocean laut, samudera
October Oktober
odor, bad smell bau
of, from dari
off, turn off mematikan
off, turned off mati
office pejabat
official, formal rasmi
officials (government) pegawai
often sering
oil minyak
old (of persons) tua
old (of things) lama, tua
older brother abang
older sister kakak
on (of dates) pada

on time pada waktu
on, at di
on, turn on pasangkan, hidupkan, jalankan
on, turned on pasang, hidup, jalan
once sekali
one satu, se-
one who, the one which yang
onion bawang
only sahaja, hanya
open buka, terbuka
open, to membuka
opponent pelawan
opportunity kesempatan
oppose, to melawan
opposed, in opposition berlawanan, bertentangan
or atau
orange (fruit) buah oren
order (command) perintah
order (placed for food, goods) pesanan
order (sequence) urutan
order something, to pesan
order, to be in sequence urut, berurut
order, to command perintah, memerintah
orderly, organized teratur, rapi
organize, arrange mengatur, mengurus,

menyelenggarakan

origin asal

original asli

originate, come from berasal dari

other lain

out luar

out, go out keluar

outside luar, di luar

over, finished habis

over, to turn balik

overcast, cloudy mendung

overcome, to mengatasi

overseas luar negeri

overturned terbalik

own, to memiliki, mempunyai

oyster tiram

P

pack, to membungkus

package bungkus

paid lunas

painful sakit

paint cat

paint, to (a painting) melukis

paint, to (houses, furniture) cat, mengecat

painting lukisan

pair of, a sepasang

palace istana

panorama pemandangan

pants seluar

paper kertas

parcel bungkus

pardon me? what did you say? coba ulangi

parents orang tua

part bahagian

participate ikut, mengikuti

particularly, especially terkhusus

party pesta

pass away, die meninggal

passenger penumpang

past (in time) dahulu

patient (calm) sabar

patient (doctor's) pesakit

pay, to bayar, membayar

payment pembayaran

peace perdamaian

peaceful damai

peak, summit puncak

peanut kacang tanah

peel, to kupas, mengupas

penetrate, to tembus, menembus

people rakyat

pepper, black lada, hitam

pepper, chilli cili, lombok, cabai, lada

percent, percentage persen, peratus

performance pertunjukan

perhaps, maybe mungkin

perhaps, probably barangkali

period (end of a sentence) titik

period (of time) jangka waktu, masa waktu

permanent tetap

permit, license lesen

permit, to allow mengijinkan

person orang

personality watak

pharmacy farmasi

pick up, to (someone) jemput, menjemput

pick up, lift (something) angkat, mengangkat

pick, choose pilih, memilih

pickpocket pencopet

pickpocket, to copet, mencopet

piece, portion, section bahagian

pierce, penetrate tembus, menembus

pig, pork babi

pillow bantal

pineapple nanas

pity! what a pity! sayang!

place tempat

place, put taruh, tempatkan, menempatkan

plan rancangan

plan, to merancangkan

plant tumbuhan

plant, to tanam

plate pinggan

play around main-main

play, to main, memain

please (go ahead) silahkan, mari

please (request for help) tolong

please (request for something) minta

pocket kocek, saku

point (in time) saat

point out, to menunjuk

point, dot titik

poison, poisonous racun

police polis

pond telaga

pool kolam

poor miskin

pork, pig babi

porpoise lumba-lumba

possible mungkin

post, column tiang

postpone, to tunda, menunda

postponed, delayed tertunda, ditunda

potato kentang

pour, to tuangkan, menuangkan

power kuasa, kekuasaan, kekuatan

powerful berkuasa, kuat

practice latihan

practice, to berlatih, melatih

prawn udang

pray, to berdoa, sembahyang

prayer doa

pregnant hamil

prejudice prasangka

prepare, to make ready siapkan

prepared, ready siap

prescription resep

present moment, at the pada saat ini, sekarang

presently, nowadays sekarang, kini

press, journalism kewartawanan

press, to tekan, menekan

pressure tekanan

pretty (of places, things) indah

pretty (of women) cantik

pretty, very agak, sangat, cantik

price harga

priest paderi

print cetak

private rahasia

probably barangkali

problem masalah

produce buat, menghasilkan, mengeluarkan

profit, luck untung

program, schedule acara

promise, to janji, berjanji

proof bukti

prove, to membuktikan

public umum

publish, to menerbitkan

pull, to tarik, menarik

pump pam

pure sempurna

purse dompet

push, to dorong, mendorong

put into, inside masukkan, memasukkan

put together, to pasang, memasang

put, to place taruh, menaruh

Q

quarter suku

queen ratu

question pertanyaan

question, to tanyakan, menanyakan

queue up mengatur

quiet sepi, sunyi

quite agak

R

rain hujan

rain, to hujan

raise, lift angkat

rank, station in life pangkat

rare (scarce) langka
rare (uncooked) setengah masak
rarely, seldom jarang
rat tikus
rate of exchange (for foreign currency) kadar petukaran wang asing
rate, tarif kadar, harga
rather agak
rather than daripada
raw, uncooked, rare mentah, setengah masak
ray sinar
reach sampai, mencapai
react, to menanggapi
reaction, response tanggapan, reaksi
read baca, membaca
ready siap
ready, to get bersiap
ready, to make siapkan, menyiapkan
realize, be aware of sedari, menyedari
really! sungguh!
rear, tail buntut
receive terima, menerima
recipe resipi
recognize, to kenal, mengenal
recovered, cured sembuh
red merah
reduce, to kurangi,

mengurangi
refined halus, bersopan
reflect, to mencerminkan
refuse, to enggan, mengengankan
regarding terhadap, mengenai
region daerah
register, to daftar, mendaftar
registered post pos berdaftar
registered terdaftar
regret, to menyesal
regular, normal biasa
relax to beristirahat
release, to lepas, melepaskan
released terlepas, dilepas
religion agama
remainder, leftover sisa
remains (historical) peninggalan
remember, to ingat
remembrances kenang-kenangan
remind, to mengingatkan
rent, to sewa, menyewa
rent out, to sewakan, menyewakan
repair, to membetulkan, membaiki
repaired betul, baik
repeat, to ulang, mengulangi

reply, response balasan, jawaban

reply, to (in writing or deeds) membalas

reply, to (verbally) menjawab

report laporan

report, to lapor, melapor

request, to (formally) mohon, memohon

request, to (informally) minta

research penyelidikan

research, to selidiki, menyelidiki

reservation pesanan

reserve, for animals cagar alam

reserve, to ask for in advance pesan dulu

resident, inhabitant penduduk

resolve, to (a problem) membereskan

respect hormat

respect, to menghormati

respond, react menanggapi

response, reaction tanggapan

responsibility tanggungjawab

responsible, to be bertanggung jawab

rest, relax istirahat

restrain, to tahan, tahankan

restroom (toilet) tandas

result akibat, hasil

resulting from, as a result of disebabkan oleh, karena

return home, to pulang

return (to give back) mengembalikan

return (go back) kembali, balik, pulang

reverse, back up mundur

reversed, backwards terbalik

rice (cooked) nasi

rice (plant) padi

rice (uncooked grains) beras

ricefields sawah

rich kaya

rid, get rid of membuang, menghilangkan

ride, mount, climb naik, memanjat

right, correct betul, benar

right-hand side kanan

rights hak

ring cincin

ripe matang, masak

river sungai

road jalan

roast, grill panggang

roasted, grilled, toasted bakar, panggang

role peranan

room bilik

root akar
rope tali
rotten busuk
rough kasar
run, to lari

S

sacred keramat
sacrifice korban
sacrifice, to mengorbankan
sad sedih
safe selamat
sail layar
sail, to berlayar
salary gaji
sale jualan
sale (at reduced prices) jualan murah
salt garam
salty masin
same sama
sample contoh
sand pasir
satisfied puas
satisfy, to memuaskan
Saturday Sabtu
sauce sos
sauce (chili) sambal
saucer piring
save money, to menyelematkan
save, keep simpan
say, to berkata, mengatakan

scarce langka
schedule jadual waktu
school sekolah
science sains, ilmu
scissors gunting
scrub, to gosok, menggosok
sculpt, to mengukir
sculpture ukiran
sea laut
search for, to cari, mencari
season musim
seat tempat duduk, kerusi
second kedua
secret rahsia
secret, to keep a rahsiakan
secretary setiausaha
secure, safe aman, selamat
see, to (also observe, visit, read) lihat, melihat
seed biji
seek, to cari, mencari
select, to pilih, memilih
self diri, sendiri
sell, to jual, menjual
send, to kirim, mengirim
sentence kalimah
separate, to pisah, memisahkan
September September
sequence, order urutan
serious (not funny) serius
serious, severe (of problems, illnesses, etc.) parah

servant pembantu, pekerja

serve, to melayan

service pelayanan, perkhidmatan

seven tujuh

severe (of problems, illnesses, etc.) parah

sew, to jahit, menjahit

sex, gender kelamin

shack pondok

shadow bayang

shadow play wayang kulit

shake, to (intransitive) goyang, bergoyang

shake something, to (transitive) kocok, mengocok

shall, will akan

shape bentuk

shape, to form membentuk

sharp tajam

shatter, to pecahkan, memecahkan

shattered pecah

shave, to cukur, mencukur

she dia

sheep kambing

ship kapal

shirt baju

shit berak

shoes kasut

shop, store kedai

shop, go shopping belanja, berbelanja

short (concise) ringkas, pendek

short (not tall) pendek

short time, a moment sebentar, sekejap

shoulder bahu

shout, to teriak, berteriak

show, broadcast siaran

show, live performance pertunjukan

show, to menunjukkan, memperlihatkan

shrimp, prawn udang

shut tutup, menutupi

sick sakit

side samping

sign, symbol tanda, simbol

sign, to tanda tangani, menanda tangani

signature tanda tangan

signboard papan

silent, quiet diam, sepi

silk sutera

silver perak

simple (easy) senang, mudah

simple (uncomplicated, modest) sederhana

since sejak

sinews urat

sing, to nyanyi, bernyanyi

sir tuan

sister (older) kakak

sister (younger) adik perempuan

sister-in-law ipar perempuan

sit down, to duduk

six enam

sixteen enam belas

sixty enam puluh

size ukuran, saiz

skewer tusuk

skewer (for satay) lidi

skin kulit

sky langit

sleep, to tidur

sleepy mengantuk

slow perlahan, lambat

slowly perlahan-perlahan

small kecil

smart pandai, pintar, cerdik

smell, bad odor bau

smell, to cium, mencium

smile, to senyum, bersenyum

smoke asap

smoke, to (tobacco) rokok, merokok

smooth (to go smoothly) lancar

smooth (of surfaces) rata

smuggle, to menyelundup

snake ular

snow salji

snowpeas kacang ercis

so that agar, supaya

so very begitu

soap sabun

socks stoking pendek

soft lembut, lunak

sold out habis

sold terjual

sole, only tunggal, satu-satunya

solve, to (a problem) menyelesaikan, membereskan

solved, resolved beres

some beberapa

sometimes kadang-kadang

son anak laki-laki

son-in-law menantu lelaki

song lagu

soon sekejap, tidak lama laji

sorry, to feel regretful bersedih

sorry! maaf!

soul jiwa

sound bunyi

soup sup

soup (spicy stew) soto

sour masam, kecut

source sumber

south selatan

soy sauce (salty) kicap

soy sauce (sweet) kicap manis

space tempat

spacious luas, lapang

speak, to bicara, omong

special khusus, istimewa

speech, oration pidato

speed kecepatan, laju

spend, to keluarkan, mengeluarkan

spices rempah-rempah

spinach bayam, kangkong

spirit semangat, nyawa

spoiled (does not work) rusak

spoiled (of food) busuk

spoon sudu

spray, to semprot, menyemprot

spring mata air, sumber

square (shape) persegi

square, town square padang

squid sotong

stall gerai

stamp (ink) cap

stamp (postage) setem

stand up, to berdiri

star bintang

start, to mulai, memulai

state (province) negeri

station setesyen

startled terkejut

startling mengejutkan

statue ukiran

stay overnight, to bermalam

stay, to tinggal, berdiam

steal, to curi, mencuri

steam wap

steamed kukus

steel besi, besi waja

step langkah

steps, stairs tangga

stick out, to tonjol, menonjol

stick, pole batang

stick to, to melekat, menempel

sticky melekit

stiff kaku, keras

still masih

stink, to bau, berbau

stomach, belly perut

stone batu

stop by, to pay a visit singgah

stop, to berhenti, stop

store kedai

store, to simpan, menyimpan

story (of a building) lantai, tingkat

story (tale) cerita

straight (not crooked) lurus

straight ahead terus, lurus

strait selat

street jalan

strength kekuatan

strict ketat

strike, to go on mogok kerja

strike, hit pukul, memukul
string tali
strong kuat
struck, hit kena
stubborn, determined nekad, keras kepala
study, learn belajar
stupid bodoh
style gaya
submerged, drowned tenggelam
succeed, to berhasil
success keberhasilan
suddenly tiba-tiba
suffer, to sengsara
suffering kesengsaraan
sugar gula
sugarcane tebu
suggest mengusulkan, menyarankan
suggestion usul, saranan
suitable, fitting, compatible cocok
suitcase beg pakaian
summit, peak puncak
sun matahari
Sunday Minggu, Ahad
sunlight sinar matahari
supermarket pasar raya, supermarket
suppose, to kira, mengira
sure pasti
surf ombak
surface permukaan

surprised heran
surprising mengherankan
suspect, to mencurigai, menyangka
suspicion kecurigaan
sweat keringat
sweep, to sapu, menyapu
sweet manis
swim, to berenang
swimming pool kolam renang
swimming suit pakaian mandi
swing, to goyang, bergoyang
switch on, turn on pasang, memasang, nyalakan, hidupkan
switch, change ganti, mengganti

T

t-shirt baju
table meja
tail ekor, buntut
take ambil, mengambil
tall tinggi
taste rasa
tasty enak, sedap, lazat
tea teh
teach, to ajar, mengajar
teacher guru
team pasukan
teen belas

teeth gigi

telephone call panggilan telefon

tell, to (a story) menceritakan

tell, to (let know) beritahu, kasih tahu

temple (Chinese) tokong

temple (Indian) kuil

temporary, temporarily sementara

ten sepuluh

tendon urat

tens of, multiples of ten puluhan

tense tegang

test ujian

test, to uji, menguji

than daripada

thank you terima kasih

that (introducing a quotation) bahwa

that, those itu

that, which, the one who yang

theater, cinema pawagam

their, theirs mereka punya

then lalu, kemudian, lantas

there di sana, di situ

they, them mereka

thick (of liquids) kental

thick (of things) tebal

thief pencuri

thin (of liquids) encer

thin (of persons) kurus

thing barang, benda

think, to pikir, berpikir

third ketiga

thirsty haus

thirteen tiga belas

this, these ini

thoughts pikiran

thousand ribu

thread benang

three tiga

through, past lewat, melalui

throw out, throw away buang

thunder guruh, guntur

Thursday Kamis

thus, so begini, begitu, demikian

ticket tiket

ticket window loket

tie, necktie tali leher

tie, to mengikat

tiger harimau

time to time, once in awhile kadang-kadang

time waktu

times kali

tip (end) ujung

tip (gratuity) hadiah

tired (sleepy) ngantuk

tired (worn out) letih, capai

title (of books, films) judul
title (of persons) gelar
to, toward (a person) kepada
to, toward (a place) ke
today hari ini
together bersama-sama, sekalian
toilet tandas
tomorrow besok, esok
tongue lidah
tonight nanti malam, malam ini
too (also) juga
too (excessive) terlalu
too bad! sayang!
too much terlalu banyak
tool, utensil, instrument alat
tooth gigi
top atas
touch, to sentuh, menyentuh
towards menuju
towel tuala
tower menara
town kota, bandar
trade, business perdagangan, perniagaan
trade, to exchange tukar, menukar
train keretapi
train station setesyen keretapi

tree pokok
tribe suku
trouble kesusahan
trouble, to mengganggu, merepotkan
troublesome susah, repot
true benar, betul
truly bersungguh-sungguh
try coba, mencoba
Tuesday Selasa
turn around putar, berputar
turn off, to mematikan, menutup
turn on, to nyalakan, pasang
turn, make a turn belok, membelok
turtle (land) kura-kura
turtle (sea) penyu
twelve dua belas
twenty dua puluh
two dua
type, sort macam, jenis

U

ugly hodoh
umbrella payung
uncle pakcik, bapak saudara
uncooked mentah
under di bawah
understand, to mengerti

underwear pakaian dalam

university universiti

unneccessary tidak usah, tidak perlu

unripe, young muda

until sampai

upside down terbalik

upstairs atas, di atas

urge, to push for mendesak

urinate, to kencing, buang air kecil

use, to pakai, memakai, gunakan, menggunakan

useful, to be guna, berguna

useless tidak berguna, sia-sia

usual biasa

usually biasanya, pada umumnya

V

vaccination suntik

valid laku, berlaku

value harga

value, to hargai, menghargai

vegetable sayur

vegetables sayuran

very, extremely sangat, sekali

via melalui

view, panorama pemandangan

view, to look at memandang

village kampung, desa

vinegar cuka

visit lawatan, kunjungan

visit, to pay a melawat, berkunjung

voice suara

volcano gunung api

vomit, to muntah

W

wages gaji

wait for, to tunggu, menunggu

waiter, waitress pelayan

wake someone up membangunkan

wake up bangun, membangun

walk jalan, berjalan

wall tembok, dinding

wallet dompet

want, to mau

war, battle perang

war, to make berperang

warm hangat

warn, to memberi amaran

warning amaran

wash cuci, mencuci

watch (wristwatch) jam tangan

watch over, guard mengawasi, menjaga

watch, to (a show or movie) menonton

watch, look, see lihat, melihat

water air

water buffalo kerbau

waterfall air terjun

watermelon semangka

wave ombak

wax lilin

way of, by melalui

way, method cara

we (excludes the one addressed) kami

we (includes the one addressed) kita

weak lemah

weapon senjata

wear, to pakai, memakai

weary capai, lelah, penat

weather cuaca

weave, to tenun, menenun

weaving tenunan

Wednesday Rabu

week minggu

weekly tiap minggu

weigh, to timbang

weight berat

welcome, to sambut, menyambut

welcome, you're welcome! sama-sama! kembali!

well (for water) sumur, perigi

well, good baik

well-cooked, ripe, well-done matang

west barat

westerner orang barat

wet basah

what? apa?

wheel roda

when, at the time waktu

when? bila?

where to? ke mana?

where? mana?

while ago tadi

while, awhile sebentar

while, during sambil

white putih

who? siapa?

whole, all of seluruh

whole, to be complete utuh

why? kenapa?

wicked jahat

wide, width lebar

widow janda

wife isteri

will, shall mahu, akan

win, to menang

wind, breeze angin

window jendela

wine air anggur

wing sayap

winner pemenang, juara
wire wayar
with dengan, sama
without tanpa
witness saksi
witness, to saksikan, menyaksikan
woman perempuan
wood kayu
word kata
work on mengerjakan
work, occupation pekerjaan
work, to function jalan, berjalan
work, to kerja, bekerja
world dunia
worry, to kuatir, menguatir
wrap, to membungkus
write, to tulis, menulis, karang, mengarang
writer pengarang
wrong, false salah

Y

yawn menguap
year tahun
yell, to teriak, berteriak
yellow kuning
yes ya
yesterday kelmarin, semalam

yet, not yet belum
you (familiar) engkau, kamu, awak
you (formal) saudara
you're welcome! kembali, sama-sama
young, unripe muda
younger brother or sister adik
youth (state of being young) keremajaan
youth (young person) remaja

Z

zero kosong
zoo kebun binatang

Bahasa Malaysia-English Dictionary

A

abang older brother

acara program

ada to be, have, exist

adat custom, tradition, culture

adik younger brother or sister

agak rather

agama religion

agar in order that, so that

ahli member

air water

air batu ice

air rebus boiled water

air minum drinking water

air panas hot spring

air terjun waterfall

ais ice

ajak to ask along, invite

ajar, mengajar to teach

akan shall, will

akar root

akhir last, end

akibat result

aku I

aku, mengakui to admit, confess

akur agree to

alah defeated

alam nature

alamat address

alat tool, utensil, instrument

aman secure, safe

amaran warning

ambil, mengambil to take

ampun forgiveness, mercy

ampuni, mengampuni to forgive

anak child

anak laki-laki son

anak perempuan daughter

anda you (formal)

anggota member

anggur grape, wine

angin wind

angkat, mengangkat to lift, raise up

anjing dog

antar, mengantar to guide, lead

antara among, between

apa kabar? how are you?

apa? what?

apel apple

api fire

arah direction

asal, berasal origin; to originate

asam sour

asap smoke

asing foreign

asli indigenous, original

asrama hostel

atas above, upstairs

atau or

atur, mengatur to arrange, organize

awal early

awas! be careful! look out!

ayah father

ayam chicken

ayuh come on, let's go

B

babi pork

baca, membaca to read

badan body

bagaimana? how?

bagi to divide, share

bagus good

bahagia happy

bahagian part

bahan material, ingredient

bahasa language

bahaya danger, dangerous

bahu shoulder

bahwa that (introduces a quotation or a subordinate clause)

baik good

baju shirt, blouse

bakar, membakar to burn; roasted, toasted (of food)

balas, membalas to answer (a letter)

balasan a reply

balik to turn over, go back

banding, dibanding compared to

bandingkan, membandingkan to compare to

bangsa nationality, people

bangun, membangun awaken; to build

banjir to be flooded, flood

bantal pillow

bantu, membantu to help

banyak many, much

bapa father

bapa mentua father-in-law

bapa saudara uncle
barang thing, item
barangkali probably, perhaps
barat west
baru new, just now
bas bus
basah wet
batal, membatalkan to cancel
batang stick, pole
batas edge, boundary
batu stone
batuk cough
bau smell, odor (bad)
bawa, membawa to carry
bawah below, downstairs
bawang onion
bawang putih garlic
bayam spinach
bayang shadow
bayangkan, membay-angkan to imagine
bayar, membayar to pay
bebas free, unrestrained
beberapa some
beca pedicab, trishaw
beg bag, luggage
begini thus, so, like this
begitu thus, so, like that
bekerja to work
belajar to study
belakang behind

belanja to shop, go shopping
belas teen
beli, membeli to buy
belok to turn
belum not yet
benang thread
benar true
bendera flag
bengkel garage (for repairs)
benteng fortress
bentuk, membentuk shape; to form
berak excreta, to defecate
berangkat to depart
berani brave
berapa? how many? how much?
beras uncooked rice
berat heavy
berdiri to stand up
beres solved, arranged, okay
bereskan, membereskan to solve, arrange
berhenti to stop
beri, memberi to give
berikut next, following
berikutnya the next, the following
berita news
berkembang to develop, expand
bersetuju agree to

bersih clean

bersihkan, membersihkan to clean

bersopan polite, refined

berubah to change

berus brush

besar big

besarkan, membesarkan to enlarge

besi metal, iron

besok tomorrow

betul true, exactly

betulkan, membetulkan to repair, fix

beza, berbeza to differ; difference; to be different

biar! forget about it!

biarkan, membiarkan to allow, let alone, leave be

biasa usual, regular, normal

bicara, berbicara to speak

biji seed

bikin, membikin to do, make

bila? when?

bilang to say, count

bilik room

bimbang anxious, afraid

binatang animal

bintang star

biru blue

bodoh stupid

bohong false, untrue

bola ball

boleh to be able to, may

bongkar to break apart, unpack, disassemble

borong, memborong to buy up

bosan to be bored

bosankan, membosankan to bore

buah fruit, piece

buang, membuang to cast out, throw away

buang air besar defecate

buang air kecil urinate

buat, berbuat, membuat do, make

bubur porridge

budaya culture

buka, membuka to open

bukan not, none

bukit hill

bukti proof

buktikan, membuktikan to prove

buku book

bujang bachelor

bulan month, moon

bumi soil

bunga flower

bungkus to wrap; a package, parcel

buntut rear, tail

bunuh, membunuh to kill
bunyi, berbunyi a sound; to make noise
burung bird
busuk rotten

C

cabai, chilli pepper
cabang branch
cacat defect, handicap
cagar alam nature reserve
cahaya rays
cakap to speak; handsome, pretty
campur mixed; to mix
cantik beautiful (of women)
cap brand
capai, mencapai to reach, attain
capai tired, weary
cara way
cari, mencari to look for
cat paint
catat, mencatat to note down
catatan notes
catur chess
cawan cup
celaka bad luck, accident, disaster
cendawan mushroom
cemburu jealous

cepat fast
cerah clear (of weather)
cerai divorced
cerdik clever
cerita story
cermin, mencerminkan mirror; to reflect
cetak, mencetak to print; to score (a goal)
cincin ring (jewelry)
cinta, mencintai love; to love
cita-cita goal, ideal
cium, mencium to kiss
coba, mencoba to try, to try on
cocok to fit, be suitable, match
coklat brown
contoh sample, example
copet to pickpocket
cuaca weather
cuci, mencuci to wash, develop (of film)
cuka vinegar
cukai tax, duty
cukup enough
cukur to shave
cuma only
curi, mencuri to steal
curiga to suspect
cuti holiday

D

dada chest

daerah region, district

daftar to register; a list

dagang business

daging meat

dahulu first, beforehand

dalam inside

dalang puppeteer

damai peace

dan and

dana funds

danau lake

dapat, mendapat to get, reach, attain, find, succeed, be able to do

dapur kitchen

darah blood

darat, mendarat land; to land

dari from, of

daripada than

darurat emergency

dasar basis

datang to arrive, come

datuk grandfather, honorary title

daun leaf

daya force

debu dust

dekat near

dekati, mendekati to approach

demam fever

demi for, because of

demikian like that

dendeng meat jerky

dengan with

dengar, mendengar to hear

dengarkan, mendengarkan to listen to

depan front, next

desa village

desak to urge, push

dewa god

di in, at, on

di atas on top of, above, upstairs

di bawah below, underneath, downstairs

di mana? where?

di- the passive form of verbs

dia he, she, it, him, her

diam, berdiam silent; to be silent

didik, mendidik to educate

dilarang to be forbidden

dinas government department

dingin cold, chilly

diri, berdiri self; stand, to stand up

dirikan, mendirikan to build, establish

doa prayer
dompet wallet
dorong, mendorong to push
dosen university lecturer
dua two
dua belas twelve
dua puluh twenty
duduk to sit down
duit money
dunia world
duta ambassador, emissary

E

ekor tail
elektrik electricity
emas gold
empat four
Encik Mr, mister
enak tasty
enam six
encer thin (of liquids)
engkau you
erat closely related, connected
erti, bererti meaning; to mean
esok tomorrow

F

farmasi pharmacy, drugstore

G

gabung to join together
gading ivory
gadis girl
gado-gado vegetable salad with peanut sauce
gagah strong, brave
gagal to fail
gajah elephant
gaji wages, salary
galak fierce
gambar picture, drawing, image
gambarkan, menggambarkan to draw; to describe
ganggu, mengganggu to disturb, bother
gangguan disturbance
ganja marijuana
ganti, menggantikan to change, switch
gantung to hang
garam salt
garis line
garpu fork
gaya style
gayung ladle, dipper
gedung warehouse
gelang bracelet
gelanggang arena
gelap dark
gelar title, degree
gelas glass

gema echo

gemar to fancy, be a fan of

gembira happy, rejoicing

gemuk fat (of a person)

gerai stall, foodstall

gerak, bergerak to move

gerakan movement

gereja church

giat active

gigi teeth

gila crazy

golongan class, category

goreng fried

gosok to scrub, brush, iron

goyang to swing, shake

gua cave

gugur wilt, fall (of leaves)

gula sugar

gula-gula sweets, candy

gulai dish with sauce

guling to rotate; a bolster pillow

guna, berguna to be useful

guna-guna magical spells

gunakan, menggunakan to make use of

gunting scissors

gunung mountain

gunung api volcano

guru teacher

H

habis gone, finished

habiskan, menghabiskan to finish off

hadap, berhadapan to face, confront

hadiah gift

hadir to attend

hadirin attendees

hak rights

hak asasi manusia human rights

halus refined

hambat, menghambat to hinder

hambatan hindrance

hamil pregnant

hampir almost

hancur crushed

hancurkan, menghancurkan to crush, break

hangat warm

hantu ghost

hanya only

harap, berharap to hope

harapkan, mengharapkan to expect

harga cost

hari day, day of the week

hari ini today

harimau tiger

harus to be necessary, must

hasil, berhasil result; to succeed

hasilkan, menghasilkan to produce

hasrat desire
hati heart, liver
hati-hati! be careful!
haus thirsty
hebat great, formidable
hendak to intend to
henti, berhenti to stop
heran surprised
hidung nose
hidup to live
hijau green
hilang to lose; lost
hilangkan, menghilangkan to get rid of
hina, menghina insulted; to insult
hisap, menghisap to inhale
hitam black
hitung to count
hodoh ugly
hormat respect
hubungan contacts
hubungi to contact
hujan rain; to be raining
hujung tip, end
hukum law
hutan forest, jungle

I

ia he, she, it (= **dia**)
ibu mother
ibu mentua mother-in-law

ikan fish
ikat to tie; handwoven textiles
iklim climate
ikut, mengikuti to follow along, go along
ilmu science, knowledge
imbang equal
indah beautiful (of things, places)
ingat, beringat to remember
ingatkan, mengingatkan to remind
ini this
intan diamond
inti essence, core
ipar relative by marriage
iri envious
isap, mengisap to inhale
isi, mengisi to fill
istana palace
istimewa special
isteri wife
istirahat rest
itik duck
itu that

J

jadi, menjadi to become, happen
jadual schedule
jaga, menjaga to guard

jagung corn

jahat wicked

jahit, menjahit to sew

jalan to walk, function; a street or road

jalan-jalan to go out, go walking

jam hour, o'clock

jambatan bridge

jamin, menjamin to guarantee, assure

jaminan a guarantee, assurance

jamur fungus

janda widow

jangan Do not!

jangka period (of time)

janji, berjanji to promise

jantung heart

jarak distance

jarang rarely

jari fingers

jaring net

jarum needle

jasa service

jatuh to fall

jatuhkan, menjatuhkan to drop

jauh far

jawab, menjawab to answer, reply

jawaban an answer

jelas clear

jelaskan, menjelaskan to clarify

jemput, menjemput to pick up someone, invite

jemur to dry out

jendela window

jenis type, genus

jika if, when

jikalau if, when

jimat economical

jiran neighbor

jiwa soul

jual, menjual to sell

jualan murah sale (at reduced prices)

juara champion

judi, berjudi to gamble

judul title of book, article

juga also

Jumat Friday

jumlah amount, total

jumpa, berjumpa, menjumpai to meet

jurusan direction

juta million

K

khabar news

kaca glass, mirror

kacamata eyeglasses

kacang bean, peanut

kacang perancis green (French) bean

kacau to disturb, annoy

kadang-kadang sometimes

kadar rate

kain cloth

kakak older sister

kaki leg, foot

kaku stiff

kalah to lose, be defeated

kalahkan, mengalahkan to defeat

kalau if, when, what about? how about?

kali times, occurences

kalimah sentence

kambing lamb, mutton, goat, sheep

kami we

Kamis Thursday

kampung village, hamlet

kamu you

kamus dictionary

kanan right

kangkung a kind of spinach

kapal ship

kapas cotton

karang; mengarang coral; to write

karangan writings

karcis ticket

karena because

kartu card

karut nonsense

kasar coarse

kasih to give, love

kasut shoes

kata, berkata word; to say

kawan friend

kawasan area, district

kawin to be married

kaya rich

kayu wood

ke to, towards

kebangsaan nationality

kebudayaan culture

kebun garden

kebun binatang zoo

kebun raya botanical gardens

kecap (manis) (sweet) soy sauce

kecil small

kecuali except for

kecut sour

kedai shop

kedua second

kegiatan activity

kejam harsh, tight

kejar, mengejar to chase

keju cheese

kejut, terkejut surprised, startled

kelabu grey

kelambu mosquito net

kelamin sex, gender

kelapa coconut

keliling around, to go around

kelilingi, mengelilingi to encircle, go around

keluar to go out, exit

keluarkan, mengeluarkan to spend, put out

keluarga family

keluh, mengeluh to sigh, lament

kemalangan accident

kemarau dry (of weather)

kelmarin yesterday

kembali to return; you're welcome

kembang blossom, flower

kembangkan, mengem-bangkan to expand

kemudian then, afterwards

kena to hit, be hit, suffer

kenal, mengenal to know, recognize, be acquainted

kenangan memories

kenapa? why? Pardon?

kencing urinate

kental thick (of liquids)

kentang potato

kentut to fart

kenyang full, having eaten enough

kepada to, toward (a person)

kepala head

kepercayaan beliefs, faith

kepiting crab

keponakan niece or nephew

keputusan decision

kera ape

kerajaan government

keramat sacred

keranjang basket

keras hard

kerbau water buffalo

kereta car

keretapi train

kering dry

keringat sweat

kerja, bekerja work

kertas paper

kerusi chair, seat

kesal annoyed, angry

kesan impression

kesempatan opportunity, chance

ketam crab

ketat strict

ketawa laugh

ketemu to find, meet

keterangan information

ketiga third

ketuk to knock

khabar news

khusus special

kilang factory

kilat lightning

kini now, at this moment
kipas fan
kipas angin electric fan
kira, mengira to guess, suppose
kira-kira approximately
kiri left
kirim, mengirim to send
kita we, you (formal)
kocek pocket
kubis cabbage
kolam pool
kolam renang swimming pool
kopi coffee
korban sacrifice, victim
kosong empty, zero
kota city, town, fort
kotak box
kotor dirty
kuah gravy
kuasa power, authority
kuat strong, energetic
kuatir afraid, to worry
kubur grave, tomb
kucing cat
kuda horse
kuih cake, cookie, pastry
kuku fingernail
kukus steamed
kulit skin, leather
kumis moustache
kumpul gather

kunang-kunang firefly
kunci key, lock
kuning yellow
kunjungan a visit
kuno ancient
kupas, mengupas to peel
kupu-kupu butterfly
kura-kura land turtle
kurang less
kurangi, mengurangi to reduce
kurban sacrifice, victim
kurus thin

L

laci drawer
lada chilli pepper
lada hitam black pepper
lagi more
lagu song
lahir to be born
lahirkan, melahirkan to give birth
lain different
laju speed
laki-laki male
laku valid; to be valid
lakukan, berlakukan to do
lalu past; then
lama old (of things); a long time
lambat slow

lampu light, lamp

lancar smooth, proficient, fluent

langit sky

langka scarce

langkah step, stride

langsung directly, non-stop

lantai floor

lapan eight

lantas then

lapang spacious

lapangan field

lapar hungry

lapis layer

lapor, melapor to report

laporan a report

larang, melarang to forbid

lari run, escape

latihan practice

laut sea

lawan to oppose; to fight

layan, melayani to serve (food, etc.)

layar, berlayar a sail; to sail

lebar wide, width

lebih more

lebih kurang approximately

leher neck

lekat to stick

lektrik electricity

lemah weak

lembu cow, ox, beef

lembut gentle

lengan arm

lengkap complete

lepas to release; released

lesen permit, licence

letak to place

lewat to go through, past, completed

lidah tongue

lihat, melihat to see, look (also observe, vist, or read)

lilin candle, wax

lima five

limau lemon, lime

limau kesturi sweet lime

limpah to overflow, be overflowing

lindung, melindungi to protect

lipat, melipat to fold

lobang hole

loket ticket window, counter

lombok chilli pepper

lompat, melompat to jump

lorong lane, alley

luar outside

luar negeri overseas

luas broad, spacious

lucu funny

luka injury, injured
lukis, melukis to paint
lukisan painting
lumayan sufficient, enough
lunas paid
lupa to forget; forgotten
lupakan, melupakan to forget about
lurus straight
lusa the day after tomorrow

M

ma'af! sorry!
mabuk drunk
macam like (similar to)
mak cik aunt
madu honey
mahal expensive
mahu to want
main to play
majalah magazine
maju to advance
makam grave
makan to eat
makan angin strolling, wandering about
makanan food
maksud, bermaksud meaning, intention; to mean
malam night

malas lazy
malu ashamed, embarrassed
mampir to stop by, visit
mana where
mandi to bathe
mangkuk bowl
manis sweet
marah angry
mari please, go ahead, c'mon
mas gold
masa period
masa depan future
masak to cook
masakan cooking, cuisine
masalah problem
masin salty
masuk to come in, enter
masukkan, memasukkan to put inside
mata eye
matahari sun
matang well-cooked, ripe, well-done
mati to die, dead
me- active verb prefix
meja table
melalui by way of, via
memang indeed
menang to win
menantu son/daughter-in-law

menara tower, lighthouse
menarik interesting
mendung cloudy
mengatur line, queue up
mengerti to understand
menguap yawn
meninggal to pass away
meninggalkan to leave behind
mentah raw, uncooked
mentega butter
menurut according to
meradang to be annoyed
merah red
merdeka freedom
mereka they, them
mesej message
mesjid mosque
mesti to be necessary, must
mewah lavish, expensive
mesyuarat meeting
mi noodles
mihun rice vermicelli
milik to own
milyar billion
mimpi a dream; to dream
Minggu Sunday
minggu week
minta to ask for, request
minum to drink
minuman drink
minyak oil
minyak petrol gasoline

miskin poor
mogok to go on strike
mohon to request
muat to load, carry, fit inside
muda young, unripe
mudah easy
muka face, across
mulai to start, begin
mulut mouth
muncul to appear
mundur to back up
mungkin maybe, perhaps
muntah to vomit
murah cheap
musim season
musuh enemy

N

naik to ride, go up, climb
nakal naughty
nama name
nanas pineapple
nanti later, wait
nanti malam tonight
nanti petang this afternoon
nasi cooked rice
negara country, nation
nekad determined
nenek grandmother
ngantuk to be sleepy

nginap, menginap to stay overnight

nilai level

nombor number

Nonya Straits Chinese woman

nyala, bernyala flame, to be lit

nyamuk mosquito

nyanyi, bernyanyi to sing

nyawa life, soul

O

oleh by

ombak wave, surf

omong to speak

orang person, human being

orang tua parents

P

pacar boyfriend or girlfriend

pacat leech

pada on

padang field, square

paderi priest

padi rice plant

pagi morning

paha thigh

pahit bitter

pajak tax

pajang, memajang to display

pakai, memakai to use, wear

pakaian clothing

pakaian dalam underwear

pakar expert

paksa, memaksa to force

paku nail

paku, paku-pakis fern

paling the most

paling-paling utmost

pam pump

panas hot (temperature)

pandai smart, clever

pandang, memandang to view

pandangan view, panorama

pandu to drive

panggang, memanggang roasted; to roast

panggil, memanggil to call, summon

pangkat rank, station in life

panjang long, length

panjangkan, memanjangkan to extend

pantai beach

parah bad, serious (of illness, problems, etc.)

pasang, memasang to assemble, switch on

pasar a market

pasarkan, memasarkan to market

pasir sand

pasti sure, certain

pasukan team

patah broken (of bones, long objects)

patung statue

payung umbrella

pecah shattered

pecahkan, memecahkan to shatter, break, solve (a problem)

pedagang businessman

pedas hot (spicy)

pegang, memegang to hold, grasp

pejabat office

pekerjaan job, occupation

pelanggan customer

pelayan server, waiter

pelayanan service

pelayar sailor

pelukis artist

pemandangan panoramic view

pemerintah government

pemimpin leader

pencopet pickpocket

pencuri thief

pendek short

pengarang writer

pengaruh influence

penginapan small hotel, accommodation

peninggalan remains

penjara jail

penjelasan clarification

pensyarah university lecturer

penting important

penuh full

penuhi, memenuhi to fulfill

penumpang passenger

penyelidikan research

perahu boat, canoe

perak silver

peran role

perang war

peratus percentage

perbezaan difference

percaya to believe, have confidence in

perempuan woman

pergi to go, to leave

periksa, memeriksa to examine, inspect

perintah to command; a command

perjanjian agreement

perkembangan development

perlahan slowly

perlihatkan, memperlihatkan to show

perlu to need
permukaan surface
pernah to have already, have ever
persen percentage, tip
pertama first
pertanyaan question
pertunjukan show, performance
perut stomach, belly
pesan, memesan to order (food, etc.), an order
pesawat airplane, instrument, machinery
pesta party
peta map
petang late afternoon
peti crate, box
picit, memicit a massage; to massage
pikir, berpikir to think
pikiran thoughts
pilek a cold, influenza
pilih, memilih to choose, select
pilihan choice
pindah, memindah to move
pinggan plate
pinjam, meminjam to borrow
pinjami, meminjami to lend
pintar smart

pintu door
pipi cheek
piring saucer, small dish
pisah, memisahkan to separate
pisang banana
pisau knife
pokok tree, bush
pondok hut, shack
potong, memotong to cut; a cut, slice
pria young man
Puan Mrs, madam
puas satisfied
puaskan, memuaskan to satisfy
pukul o'clock
pukul, memukul to strike
pulang to go back
pulau island
puluh ten, multiples of ten
puncak peak, summit
punya, mempunyai to have, own, belong to
pura city, town
pusat center
pusing dazed, dizzy, ill
putar, berputar to turn around
putera prince
puteri princess
putih white
putus to break off

putuskan, memutuskan to decide

R

Rabu Wednesday

racun poison

ragu-ragu to be doubtful

rahsia secret, private

raja king

rajin hardworking, industrious

rakyat people

rama-rama butterfly, moth

ramah friendly, open

ramai busy

rambut hair

rancangan plan

rantai chain

rapat a meeting; to be close together

rapi orderly, neat

rasa, merasa feeling, taste; to feel

rasmi official

rasmikan, merasmikan to inaugurate, officially open

rata even, level

ratu queen

ratus hundred

raya large, great

rayakan, merayakan to celebrate (a holiday)

rebus boiled

rebut to fight about, over

rekan colleague, workmate

remaja youth

rempah-rempah spices

renang, berenang to swim

rencana, berencana a plan; planned

rencanakan, merencanakan to plan

rendah low

repot busy, troubled

repotkan, merepotkan to cause trouble

resipi prescription, recipe

retak crack, cracked

ribu thousand

ringan light

ringkas concise

roda wheel

rokok, merokok cigarette, to smoke

roti bread

ruang, ruangan room, hall, space

rugi to lose money

rugikan, merugikan to cause to lose money

rukun harmonious

rumah house, home

rumit complicated

rumput grass

rupa appearance

rusa deer

rusak broken

S

saat moment, instant

sabar patient

Sabtu Saturday

sabuk belt

sabun soap

saderi celery

sahabat friend

sahaja only, merely

saing, bersaing to compete

saingan competition

sains science

sakit sick, painful

saksi witness

saksikan, menyaksikan to witness

sakti sacred power

saku pocket

salah wrong, false

salahkan, menyalahkan to fault

salam greetings

saling mutually

salji snow

sama the same; with, using

sama-sama you're welcome

sambal chili sauce

sambil while

sambung, menyambung to connect

sambungan connection (telephone)

sambut, menyambut to receive, welcome (of persons)

sampah garbage

sampan small boat

sampai to arrive, reach; until

samping side

sampul envelope

sana there

sangat very, extremely

sanggup to be capable of, willing to take on

sangka, menyangka suspicion; to suspect

sapi beef, cow

sapu broom

sarang nest

saring to filter, sieve

sarung sarong, wrap-around skirt

sastera literature

satay barbecued meat on skewers

satu one

saudara relative, you (formal)

sawah rice paddy

saya I, me

sayang to be fond of

sayap wing

sayur, sayuran vegetables

se- prefix meaning one, the same as

sebab because

sebelah next to

sebelas eleven

sebelum before

sebentar in a moment

seberang across from

sebut, menyebut to say

sedang to be in the middle of

sedap delicious

sedar, menyedari to be conscious, to realize

sederhana modest, simple

sedia available

sediakan, menyediakan to prepare, make ready

sedih sad

sedikit little, not much

segala every

segar fresh

segera quickly, fast

segi angle, side

sehat healthy

seimbang equal, balanced

sejak since

sejarah history

sejuk cool, cold

sekali very; once, one time

sekarang now

sekejap just a moment

sekolah school

selamat congratulations, safe

Selasa Tuesday

selat straits

selatan south

selendang shoulder cloth, shawl

selenggarakan, menyelenggarakan to organize

selesai ready, finished

selidik, menyelidiki to study, research

selimut blanket

selisih discrepancy

seluar pants

selundup to smuggle

seluruh entire, whole

semalam last night

semangat spirit

semangka watermelon

sembahkan, persembahkan to present

sembahyang to pray

sembilan nine

sembuh cured, recovered

sembunyi to hide; hidden

sementara temporarily

semi sprout

sempadan border

sempat to have an opportunity to

sempit narrow

semprot, menyemprot to spray

sempurna pure, completed

semua all

senang easy, contented

sendiri self, oneself, alone

sendirian by oneself, all alone

seni art

Senin Monday

senja dusk

senjata weapon

sentuh, menyentuh to touch

senyum, tersenyum to smile

seperti like, as

sepi quiet

sepuluh ten

serangga insect

serba all sorts

sering often

serta, beserta with

sesuai dengan adapted to, suited to

sesuaikan, menyesuai-kan to adapt to

sesudah after

setesyen (bas, keratapi) station (bus, train)

setelah after

setem stamp (postage)

setengah half

setia loyal

setiausaha secretary

sewa, menyewa to rent

sewakan, menyewakan to rent out

sia-sia to no avail

siang daytime

siap, bersiap ready

siapkan to make ready

siapa? who?

siaran a broadcast, program

sibuk busy

sifat characteristic

sikap attitude

sikat, menyikat a comb, to comb

silakan please

simpan, menyimpan to keep, store

simpang, menyimpang to diverge from

simpangan intersection

sinar rays

singgah visit

singkat concise

sini here

sisa leftover, remainder

sisi side, flank

sisir comb

situ over there

soal matter, problem

soto spiced soup

stoking stockings

stoking pendek socks

suami husband

suara voice

suasana atmosphere

suatu a certain

subur fertile

sudah already

sudu spoon

suhu temperature, degrees

suka, menyukai to like

sukar difficult

suku one-quarter, tribe, people

suling flute

sulit difficult, confidential

sumpit blowpipe

sumur a well (for water)

sungai river

sungguh really, truly

suntik to inject, vaccinate

sup soup

supaya in order that, so that

surat letter, document

surat khabar newspaper

suruh, menyuruh to instruct, command

susah difficult

susu milk

susul, menyusul to follow behind

sutera silk

syarat precondition, indication, sign

syarikat company

T

tadi a while ago

tadi malam last night

tafsir, menafsir to guess, to estimate

tagih, menagih to collect payment

tahan to hold back, restrain, survive

tahu to know; soybean curds (tofu)

tahun year, years

tajam sharp

takut to fear, to be afraid

tali rope, string

taman garden

tamat ended

tambah to add, increase

tambang fare

tamu guest

tanah dirt, land

tanam, menanam to plant, invest

tanaman plant, crops

tanda sign, indication

tanda tangan signature

tangan hand, forearm, wrist

tangga stairs

tanggap, menanggap to react

tanggapan reaction, response

tanggung jawab to be responsible, take responsibility

tangis, menangis to cry

tangkap, menangkap to grasp, to capture

tanpa without

tantangan challenge

tanya, bertanya to ask

tari, menari to dance

tarian dance

tarik to pull

tarikh date (of the month)

tarif tariff

taruh, menaruh to put, place

tawar, menawar to make an offer, bargain

tebal thick

tebu sugarcane

tegang tense

tegur to warn

teguran warning

teh tea

tekan to press

tekanan pressure

telaga pond

telanjang naked

telinga ear

teliti meticulous

teluk bay

telur egg

teman friend

tembok stone wall

tembus, menembus to pierce, penetrate

tempat place

tempat tidur bed

tempe fermented soybean cakes

tempel, menempel to stick

temu, bertemu, menemui to meet

tenaga power

tenang calm

tengah middle

tenggara southeast

tenggelam submerged, drowned

tengok, menengok to see, visit

tentang concerning

tentangan, bertentangan to be opposed, at odds

tentera army

tentu certain, certainly

tentukan, menentukan to fix a time, to establish

tenun, menenun to weave

tenunan weavings

tepat exact, exactly

tepi edge, fringe

tepung flour

terakhir last

terang light, clear, bright

terbang, menerbang to fly

terbit, menerbitkan published; to publish

terdaftar registered (post)

tergantung it depends, to depend on

terhadap as regards, regarding, towards

teriak to shout

terima to receive

terima kasih thank you

terjadi to happen; happened

terjun to tumble down

terkejut surprised

terlalu too (excessive)

terlambat late

terong eggplant, aubergine

tersembunyi hidden

tertawa to laugh

terus straight ahead

teruskan, meneruskan to continue

tetap fixed, permanent

tetapi but

tiang post, column

tiap every

tiba to arrive

tiba-tiba suddenly

tidak no, not

tidak mungkin to be impossible

tidak usah to be not necessary

tidur to sleep

tiga three

tiga belas thirteen

tikar mat

tikus mouse, rat

tilam mattress

timbang to weigh

timbangan scale

timbangkan, pertim-bangkan to consider

timbul, menimbul to appear, emerge from

timun cucumber

timur east

tindak, bertindak to act

tinggal to depart, live, reside, stay

tinggalkan to leave behind

tinggi tall, high

tingkat level, story of a building

tinjau, meninjau to survey

tipis thin

tipu, menipu to deceive, cheat

tiram oyster

titip to deposit, leave with someone

tokong Chinese temple

tolak, menolak to push

tolong, menolong to help, assist

tonjol, menonjol to stick out

tonton, menonton to watch, observe

topeng mask

topi hat

tua old (of persons)

tuak palm wine

tuan sir, master

tuang, menuangkan to pour

tubuh body

tugas job, duties

tugu monument

tuju, menuju towards

tujuan destination, goal

tujuh seven

tukang craftsman, tradesman

tukar, menukar to exchange

tulang bone

tulis, menulis to write

tumbuh, bertumbuh to grow (larger, up)

tumbuhan growth

tumbuk to pound

tumpangan (rumah) lodging house

tunai cash

tunda, tertunda to postpone; postponed

tunggal single, sole

tunggu, menunggu to wait, wait for

tunjuk to point out, guide to

tuntut, menuntut to demand

turun to go down, get off

turut to obey

tutup, menutup to close, cover

U

ubah, berubah to change

ubat medicine

ucapkan, menucapkan to express, say

udang shrimp, prawn

udara air

uji to test

ujian test

ukir, mengukir to carve, sculpt

ukiran carving, sculpture

ukur, mengukur to measure

ukuran measurement, size

ulang, mengulangi to repeat

ular snake

umum general, public

umumnya generally

umur age

undang, mengundang invite

undangan invitation

untuk for

untung profit, luck, benefit

upacara ceremony

urat sinews, tendons

urus to arrange

urut to be in sequence

usaha efforts, activities, to try one's best

usir, mengusir to chase away, out

utama most important, chief

utang debt

utara north

utuh whole, complete

W

wakil agent

waktu when; time

wang money

wang tunai cash

wap steam

wanita lady

warga negara citizen

warna color

warta berita news

wartawan journalist

warung eating stall, small restaurant

watak character, personality

wayang puppet or dance performance

wayang kulit shadow puppet play

wayar wire

wisma house, office block

Y

ya yes

yakin to believe

yang the one who, that which